Giovan

CW01662663

Pasta per due

Collana **Italiano Facile**
1° livello

collana a cura di Ciro Massimo Naddeo

ALMA

Alma Edizioni
Firenze

Italiano Facile

Collana di racconti

Volumi pubblicati:

Dov'è Yukio? (1° livello)
Radio Lina (1° livello)
Il signor Rigoni (1° livello)
Pasta per due (1° livello)
Fantasmi (2° livello)
Maschere a Venezia (2° livello)
Amore in Paradiso (2° livello)
La partita (2° livello)
Mafia, amore & polizia (3° livello)
Modelle, pistole e mozzarelle (3° livello)
L'ultimo Caravaggio (3° livello)
Mediterranea (4° livello)
Opera! (4° livello)
Piccole storie d'amore (4° livello)
Dolce vita (5° livello)
Un'altra vita (5° livello)

Progetto grafico copertina: Leonardo Cardini
Progetto grafico interno: Paolo Lippi
Illustrazioni interne e copertina: Luigi Critone
Impaginazione: Andrea Caponecchia

ISBN libro: 88-86440-98-7

viale dei Cadorna, 44
50129 Firenze - Italia
tel ++39 055476644 fax ++39 055473531
info@almaedizioni.it - www.almaedizioni.it

Indice

Capitolo 1

Libero Belmondo è un uomo di 35 anni. Vive a Roma. Da qualche mese Libero accende il computer tutti i giorni e controlla le e-mail.
Minni è una ragazza di 28 anni. Vive a Bangkok. Anche lei da qualche mese accende il computer tutti i giorni e controlla le e-mail.
Libero e Minni sono amici di **posta elettronica**. Non si conoscono, ma si scrivono molte e-mail in italiano. Lui scrive dall'Italia, lei dalla Thailandia.

"Che fai stasera? Vieni a prendere un caffè a casa mia?"- scrive Libero.

"*Ma io abito in Thailandia! Quando arrivo in Italia, il caffè è freddo!"* - risponde Minni.

Una mattina, Libero si sveglia e accende il computer…

C'È POSTA PER TE!

…e trova un nuovo messaggio della sua amica:

---

posta elettronica: e-mail, il sistema per mandare e ricevere messaggi con il computer. *Es.: Io uso poco il telefono, preferisco comunicare con la posta elettronica.*

Note

"Ciao Libero.
Una bella notizia! Vengo in Italia, finalmente. Parto martedì prossimo alle otto. Arrivo a Roma alle quindici, all'aeroporto Leonardo da Vinci. Un abbraccio. Minni"

Libero risponde subito:

"Bene. Sono molto contento. Puoi dormire a casa mia. Ci vediamo all'aeroporto. A presto".

Dopo questa notizia, per tutto il giorno Libero **ha la testa fra le nuvole**. Esce di casa con due scarpe di colore diverso, una marrone e una blu. Anche i suoi **colleghi** di lavoro capiscono che oggi c'è qualcosa di strano in lui: Libero è più allegro.

Capitolo 2

Libero è felice di incontrare la sua amica, ma è anche preoccupato. Parlare con una persona non è come comunicare al computer. Anche Minni ha paura, perché non conosce gli italiani e non capisce bene la loro lingua.
Presto arrivano altri messaggi:

---

ha la testa fra le nuvole (inf. avere la testa fra le nuvole): è distratto, non attento. *Es.: Lisa non mi ascolta quando parlo, ha sempre la testa fra le nuvole.*
colleghi: persone che fanno lo stesso lavoro. *Es.: Dopo il lavoro, vado al bar con i miei colleghi.*

"Caro Libero,
ho solo una tua vecchia foto. Voi italiani sembrate tutti uguali. Come faccio a sapere quale sei?"

"È facile. Mi vesto di giallo e rosso, così non puoi sbagliare."

Martedì. L'aereo arriva a Roma alle quindici. Minni prende la sua valigia ed esce. Cerca un uomo vestito di giallo e rosso. Ma lo stesso giorno, all'aeroporto, c'è anche un gruppo di persone che aspetta la **squadra** di calcio della Roma. Anche loro sono vestiti di giallorosso, come i colori della loro squadra.
- Chi di voi è Libero? - domanda Minni.

Nessuno risponde.

- *Forse Libero è in ritardo.* - pensa Minni.

Allora si siede ad aspettare. Apre un libro e studia i verbi della lingua italiana: *io vengo, tu vieni, lui viene...*
Dopo un po', un uomo viene verso la ragazza. È vestito con dei pantaloni neri e una camicia bianca. È un **tassista**.
- Signorina, io sono libero. - dice l'uomo.
- Sei Libero? Ah, piacere! Io sono Minni. Ma perché non sei giallorosso?
- Giallorosso? **Io sono della Lazio**.

---

squadra: equipe, gruppo di giocatori con gli stessi colori. *Es.: La Juventus è la mia squadra di calcio preferita.*
tassista: persona che guida il taxi. *Es.: Il tassista deve conoscere bene tutte le strade della città.*
Io sono della Lazio: la mia squadra preferita è la Lazio (la Lazio è una squadra di calcio di Roma).

Note

Minni non capisce il significato di questa risposta.

- La macchina è qui vicino. Dove deve andare? - domanda il tassista.
- Andiamo a casa tua.
- A casa mia? Ma questo è un taxi.
- Un taxi?
- Sì. Io sono un tassista e questo è il mio taxi, "Tango 13". Non ha bisogno di un taxi?
- Allora "Lei" non è Libero?
- No, il mio "taxi" è libero. Io mi chiamo Mario.
- Scusi, io cerco un uomo di nome Libero.
- Non conosce l'indirizzo di quest'uomo? Andiamo a casa sua.
- L'indirizzo è nella mia valigia. Lui abita in una strada che ha il nome di un animale.
- Un animale? Ma che dice, signorina?
- Sì, un animale molto **pericoloso**.
- Un animale pericoloso... Forse è un **orso**? A Roma c'è Via dell'Orso.
- No, questo animale vive in posti molto caldi.
- Un leone? Una tigre?
- No, è più piccolo...

---

pericoloso: non sicuro, rischioso. *Es.: La boxe è uno sport pericoloso.*

orso:

Note

In quel momento Libero arriva all'aeroporto. È molto in ritardo.

- Ciao Minni! Io sono Libero. Scusa per il ritardo.
- Ciao Libero.
- Chi è questo signore? È un tuo amico? - domanda Libero.
- No, è un tassista.
- Allora, dove abita? - domanda il tassista.
- Abito in Via dei **Serpenti**. - risponde Libero - Ma ho la macchina. Non abbiamo bisogno di un taxi, grazie.

Capitolo 3

In macchina Libero e Minni parlano molto.

- Benvenuta in Italia, Minni. Ora andiamo a casa. Io abito con Tredicoppe e Settebello. Loro sono come due bambini. Sono molto simpatici.
- Mi piacciono i bambini. Allora sei sposato?
- No, Tredicoppe e Settebello sono "come" bambini ma non sono bambini.
- Non capisco.
- Aspetta un momento. Tra poco arriviamo a casa.

Serpenti:

Note

Dopo un po', Libero e Minni arrivano a casa. Subito due grossi gatti vengono verso di loro.

- MIAOOO!
- Questi sono Tredicoppe e Settebello.
- Ah, sono gatti. Che belli!
- Vedi, quella è la loro camera.
- Per le fotografie?
- No, "camera" significa "stanza". Minni, questa è la tua cam… la tua stanza. È silenziosa e il letto è grande e comodo. Le **lenzuola** sono nuove.
- Nove? Sono molte.
- Nuove, non nove. Il bagno è in fondo a destra. La luce è subito a sinistra; per aprire l'acqua calda gira a destra, per aprire l'acqua fredda, gira a sinistra. Tutto chiaro?
- E il mio asciugafaccia?
- Asciugafaccia? Ah, si dice **asciugamano**. È quello bianco, a fiori.
- Ah, è quello bianco, là fuori…Va bene.
- Questo è il detergente per fare il bagno. Se hai un problema, io sono di là.

Libero esce dalla camera, ma subito dopo...

lenzuola: →

asciugamano:

Note

- Il deter… come si chiama… il deter... Scusa, Libero, dov'è il detersivo?
- Perché hai bisogno del detersivo?
- Per fare il bagno.
- Per fare il bagno devi usare il detergente, non il detersivo. Con il detersivo fai i piatti.
- Fare i piatti? Che significa?
- Fare i piatti: lavare i piatti.
- Ah, capisco. - dice Minni.

Poi pensa:

- *"Fare i piatti" significa "lavare i piatti", allora "fare il bagno" vuol dire "lavare il bagno". Ah, forse devo lavare il bagno.*

Dopo quaranta minuti, Minni è ancora in bagno. La porta è chiusa. Libero bussa, TOC TOC, e domanda:

- Tutto bene, Minni? Che fai?
- Faccio il bagno. Non puoi entrare.
- Ok. Entro quando sei vestita.
- Adesso sono vestita.
- Minni, fai il bagno vestita?
- Sì, al mio Paese sempre.
- Ma che dici?

Note

Libero entra in bagno. C'è un profumo molto forte. Il bagno è tutto pulito. Minni sorride:

- Guarda, Libero, è tutto pulito. Adesso puoi anche mangiare in bagno!
- Minni! In italiano "fare il bagno" significa "lavarsi". Si dice anche "fare la doccia", "fare lo shampoo"...
- Ah, davvero?
- Sì. Va bene, non importa. A che ora vuoi fare colazione domani mattina?
- Devo preparare la colazione per te?
- No. "Fare colazione" vuol dire "mangiare la colazione". Minni, io vorrei fare colazione con te, domani mattina.
- Bene. Anch'io domani faccio colazione con thè. Oppure caffè. Buonanotte!
- Buonanotte.

Adesso Libero sa che la sua amica non capisce molto bene l'italiano.

Note

Capitolo 4

Le giornate passano veloci. Dal lunedì al venerdì Libero lavora in una **ditta** di import-export. Esce la mattina per andare in ufficio ma spesso all'ora di pranzo torna a casa per mangiare con Minni. Oggi Libero è in ritardo e telefona a Minni.

- Pronto Minni? Come va, tutto bene?
- Sì, tutto bene. Grazie. Oggi mangiamo insieme?
- Sì, ma ho ancora del lavoro da finire. Dobbiamo **spedire** una grossa partita in Cina.
- Che cos'è una partita?
- È una quantità di **merce**. Io vengo più tardi. Per favore, fra quindici minuti comincia a preparare.
- Sì. Che devo fare?
- Metti un litro d'acqua in una **pentola**.
- Metto un litro d'acqua in una pentola.
- Poi accendi il gas.
- Poi accendo il gas.
- Bene. Quando l'acqua diventa calda, **aggiungi** un po' di sale.

---

ditta: compagnia, azienda commerciale. *Es.: Mio fratello lavora in una ditta di trasporti.*
spedire: mandare qualcosa per posta. *Es.: Voglio spedire una lettera a mia madre.*
merce: ogni prodotto che si compra o si vende in un negozio. *Es.: Al "Duty Free" dell'aeroporto la merce costa meno perché non ci sono le tasse.*

pentola:

aggiungi (inf. aggiungere): mettere. *Es.: Se aggiungi un po' di sale, la pasta è più buona.*

Note

- Come? Puoi ripetere?
- Quando l'acqua diventa calda, aggiungi un po' di sale.
- Quando l'acqua diventa calda, aggiungo un po' di sale.
- È nella scatola rossa.
- Nella scatola rossa.
- Bene. Quando l'acqua **bolle**, butta la pasta!
- Come, scusa?
- Quando l'acqua bolle, butta la pasta!
- Butto la pasta….?
- Sì, quando l'acqua bolle… Tutto chiaro?
- Ehm… sì… va bene. Ci vediamo dopo.

Minni va in camera e prende un dizionario. Cerca il verbo "buttare".

- *Bussare..., busta..., ecco: "buttare". Significa… "gettare via". Come "buttare la* ***spazzatura****". Ma perché devo buttare la pasta?*

Dopo trenta minuti, Libero torna a casa. Subito va in cucina a vedere come vanno le cose. Minni è arrabbiata. Ha un pacco di spaghetti in mano.

- Al mio Paese buttare le cose da mangiare è sbagliato. Io non voglio buttare la pasta.

---

bolle (inf. bollire): quando l'acqua calda arriva a 100°. *Es.: L'acqua bolle, ora possiamo preparare il thè.*

spazzatura:

Note

- Scusa, Minni, buttare la pasta significa mettere gli spaghetti dentro l'acqua…
- Ah, sì?

Sul viso di Minni adesso c'è un sorriso.

Capitolo 5

Ci sono molte cose da fare in una casa: lavare, ordinare, fare da mangiare, ecc. A Minni piace aiutare in casa, così un giorno Libero domanda alla sua amica:

- Sai fare il **bucato** in **lavatrice**?
- Il bucato in lavatrice? Sì, sì. Ho un libro che spiega molto bene come si fa.
- Un libro? Sei sicura?
- Sì. Vai a lavorare, faccio tutto io.

Libero è un po' sorpreso da questa risposta, ma non vuole fare due volte la stessa domanda. Così non dice niente e va a lavorare. Ma quando torna a casa, i vestiti sono ancora sporchi.

- E il bucato? - domanda.

---

bucato: la quantità dei vestiti da lavare. *Es.: Tutti i vestiti sono sporchi. Devo fare il bucato.*
lavatrice: la macchina che lava i vestiti. *Es.: Lavo i pantaloni e le camicie con la lavatrice.*

- È tutto pronto, in cucina, sulla tavola. - risponde Minni con un sorriso.
- In cucina, sulla tavola? Perché in cucina?
- Perché quello è il posto giusto. Mangiamo subito, è ancora caldo.

Libero e Minni vanno in cucina. Sulla tavola ci sono due piatti di pasta. Sono **bucatini all'amatriciana**. C'è tutto: la **pancetta**, il **parmigiano**, proprio come piace agli italiani. In quel momento Libero capisce.

- Oh, no, Minni! Quando dico "fare il bucato", voglio dire "lavare i vestiti", non "fare i bucatini" e poi, "in lavatrice" non significa "all'amatriciana".

Libero ride, invece Minni piange.

- Scusa, io sbaglio sempre, non sono brava.
- No, non è vero. Il tuo italiano è buono, ma non conosci ancora la nostra cultura. Comunque, i tuoi bucatini all'amatriciana mi piacciono molto.
- Veramente?
- Veramente. Sono buonissimi.

---

bucatini all'amatriciana: specialità tipica di Amatrice (piccolo paese vicino Roma) cucinata con grossi spaghetti.
pancetta: parte del maiale, simile al prosciutto.
parmigiano: tipo di formaggio italiano, molto vecchio e profumato.

Note

Capitolo 6

Una settimana dopo Libero porta Minni al **matrimonio** di un suo amico. Per Minni è una buona occasione per conoscere la cultura e le tradizioni italiane. Il matrimonio è in chiesa. Ci sono molti invitati.

- Come si chiama il tuo amico? - domanda Minni.
- Si chiama Giuseppe.
- E la ragazza?
- Elena. È molto carina, vero?
- Sì, è una ragazza molto "lunga".
- Minni, si dice "molto alta" non "molto lunga".

Dopo la cerimonia, tutti escono e aspettano fuori dalla chiesa.

- Adesso che facciamo, Libero? - domanda Minni.
- Adesso c'è il pranzo, ma prima dobbiamo buttare un po' di **riso**.
- Dobbiamo buttare il riso? Cuciniamo qui?
- No, guarda come fanno gli altri.

Quando gli sposi escono, tutti lanciano il riso e gridano:

"VIVA GLI SPOSI!"

---

matrimonio: cerimonia che celebra l'unione tra due persone. *Es.: Domani Bruno si sposa con una ragazza spagnola. È il suo secondo matrimonio.*

riso:

Note

Poi arriva il momento degli **auguri**. Tutti vogliono parlare con gli sposi. Anche Minni vuole dire qualcosa. Così guarda nel suo dizionario e dice:

- Questo è un giorno speciale. Il giorno del vostro matrimonio. Cento di questi giorni!

Quando sente queste parole, lo sposo diventa rosso. Infatti questo è il suo terzo matrimonio. Nessuno vuole sposarsi cento volte!

Capitolo 7

Dopo il matrimonio c'è il pranzo. Libero e Minni vanno al ristorante in macchina. Lei è molto silenziosa e lui è un po' preoccupato per la sua amica.

- Tutto bene, Minni? Perché non parli?
- Perché per me è difficile parlare in italiano.
- Conosci le barzellette?
- No, che significa?
- Sono delle piccole storie, con un finale divertente. Vuoi imparare una barzelletta?
- Sì, certo.

---

auguri: parole che si dicono per occasioni speciali. *Es.: Oggi è il tuo compleanno. Tanti auguri, Silvia!*

Libero racconta:

Una **rana** deve fare una fotografia. Così va da un fotografo professionista. Entra nello studio del fotografo e dice:
"Buongiorno. Vor-rei fa-re una fo-to."
"Prego, signora rana, si accomodi."
"Ma devo fare una bel-la fo-to!"
"Non si preoccupi. Io faccio bene il mio lavoro."
Le rane parlano in modo un po' strano, perché hanno la bocca larga larga.
"E co-sa devo fa-re?", domanda la rana.
"Deve fare un sorriso, ma deve tenere la bocca chiusa."
"Per-ché?"
"Perché la sua bocca è troppo grande e non è bella da vedere quando è aperta! Facciamo così, quando Lei è pronta, dice: UN FRUTTO!"
"Per-ché?", domanda ancora la rana con la bocca tutta aperta.
"Perché se dice UN FRUTTO, la bocca rimane chiusa e la foto viene bene."
"Ca-pi-to."
"Allora cominciamo. La luce va bene, un po' più a destra, perfetto. È pronta?"
"Sì."
"Attenzione! Ferma. Uno, due, tre, dica: UN FRUTTO!"
"BA-NA-NA!", dice la rana e in quel momento apre la bocca al massimo.

- Bravo Libero! Molto divertente. Voglio raccontare questa storia in italiano, quando siamo al ristorante.
- Va bene.

---

rana:

Note

Il pranzo è molto ricco. Ci sono tante cose da mangiare e soprattutto, tanto vino, rosso e bianco. Minni beve molto. Poi si alza in piedi per parlare:

- Sentite questa barzelletta. - comincia Minni.

Una rana deve fare una fotografia. Così va da un fotografo professionista. Entra nello studio del fotografo e dice:
"Buongiorno. Vor-rei fa-re una fo-to."
"Prego, signora rana, si accomodi."
"Ma devo fare una bel-la fo-to!"
"Non si preoccupi. lo faccio bene il mio lavoro."
Le rane parlano in modo un po' strano, perché hanno la bocca larga larga.
"E co-sa devo fa-re?", domanda la rana.
"Deve fare un sorriso, ma deve tenere la bocca chiusa."
"Per-ché?"
"Perché la sua bocca è troppo grande e non è bella da vedere quando è aperta! Facciamo così, quando Lei è pronta, dice: UN FRUTTO!"
"Per-ché?", domanda ancora la rana con la bocca tutta aperta.
"Perché se dice UN FRUTTO, la bocca rimane chiusa e la foto viene bene."
"Ca-pi-to."
"Allora cominciamo. La luce va bene, un po' più a destra, perfetto. È pronta?"
"Sì."
"Attenzione! Ferma. Uno, due, tre, dica: UN FRUTTO!"
"UVA!", dice la rana.

Minni guarda gli invitati, ma nessuno ride.

Note

Capitolo 8

Per tutto il viaggio di ritorno, Minni rimane in silenzio. È molto triste. Per lei la lingua italiana è un vero problema.
Quando arrivano a casa, subito Settebello e Tredicoppe corrono verso Minni. Sono contenti.
- Vedi? Con loro non hai bisogno di parlare. - dice Libero.
- Sì, sono due gatti simpatici, ma hanno due nomi molto strani. Cosa significano?
- Sono i nomi di due **carte**. Tu sai giocare a carte, Minni?
- No.
- Vuoi imparare?
- No grazie, Libero. Per me è difficile.
- Non è difficile. Per giocare non devi parlare italiano.

Libero prende le carte.

- Adesso giochiamo a **scopa**. - dice - È un gioco molto semplice.

Libero insegna a Minni il gioco della scopa. All'inizio Minni capisce poco, ma dopo qualche **partita** è tutto chiaro.

---

carte:

scopa: gioco di carte molto popolare in Italia.
partita: competizione fra due giocatori o due squadre. *Es.: Facciamo una partita di ping-pong?*

Note

- Mi piace questo gioco. - dice la ragazza - È divertente.
- Sì, e ora facciamo un altro gioco. - dice Libero - Si chiama **briscola**. Anche questo è molto facile.

Libero insegna a Minni il gioco della briscola. La ragazza capisce subito e gioca molto bene. Vince anche qualche partita. Così i due amici giocano a carte per tutta la notte. Finalmente alle cinque di mattina vanno a dormire. Sono stanchissimi, ma adesso Minni non è più triste.

Capitolo 9

DRIIINN!!! DRIIINN!!!

Alle otto e mezza suona il telefono. Libero si sveglia e risponde.

- Pronto?
- Buongiorno Libero. Sono il direttore! Cosa fa a casa? Lei deve essere in ufficio alle otto!
- Ah, sono a casa? Ehm… direttore… io…
- Ma Libero, cosa dice? È sveglio o è ancora a letto?
- Io… Sì, sono sveglio… sveglissimo direttore… ma… non sto bene… non posso venire oggi.

---

briscola: gioco di carte molto popolare in Italia.

- Cosa? Non può venire? Quando non può venire deve telefonare. Qui abbiamo bisogno di Lei. Deve preparare tutti i documenti per quella partita per la Cina...
- Sì, è vero... Mi scusi, direttore. Vengo subito.

Libero si alza dal letto. Si veste e apre la porta di casa per uscire. In quel momento anche Minni si sveglia.

- Libero, dove vai? Che succede?
- Vado in ufficio. Sono in ritardo.
- Ah, va bene... Ma questa sera quando torni giochiamo a carte?
- Sì, Minni. Va bene. Adesso devo andare. Ci vediamo stasera. Ciao.

Libero arriva in ufficio molto in ritardo. Ha molte cose da fare, ma è stanco e fa molti sbagli.

- Cosa c'è Libero? Qualcosa non va? - domanda un collega- Hai una faccia strana, forse non stai bene?
- No, va tutto bene... Ho solo bisogno di dormire.
- Capisco. Allora finisci di lavorare e poi vai a letto presto questa sera.
- Non posso. Questa sera devo giocare a carte.

Note

Capitolo 10

Dopo una giornata di lavoro, Libero torna a casa. È stanchissimo. Quando apre la porta del suo appartamento, la radio è accesa. Antonello Venditti, un famoso cantante italiano, sta cantando la sua canzone "Sotto la pioggia". Anche Minni sta cantando, ma quando vede Libero, la ragazza **smette** subito.

- Ciao Minni. Hai una bella voce. Ti piace questa canzone? Canta, canta ancora.
- No, non voglio cantare. Io non canto bene.
- Non è vero, canti benissimo. Continua.
- No, ora dobbiamo giocare a carte.
- Ma ora sono molto stanco... Non possiamo giocare domani?
- No, per favore. Facciamo qualche partita.

Libero si siede. È veramente stanco. Non vuole giocare a carte, preferisce ascoltare Minni cantare. Ma lei vuole giocare a carte e non vuole cantare. Che fare? Alla fine Libero ha un'idea.

- Ascolta Minni. Facciamo così: giochiamo solo una partita; se vinco io, tu canti la canzone "Sotto la pioggia", se invece vinci tu allora giochiamo tutta la sera a carte.
- Va bene.
- Preferisci briscola o scopa?
- Briscola.

---

smette (inf. smettere): finire di fare qualcosa, fermarsi. *Es.: Alle 17 Maria smette di lavorare e va a casa.*

Note

La partita comincia. Minni è molto **fortunata** e all'inizio fa molti punti.

- Sto vincendo. - dice Minni.

La ragazza è molto contenta e ride.

- Aspetta a parlare. - dice Libero - *Ride bene chi ride ultimo.*
- Che significa?
- È un **proverbio**. Significa che non bisogna essere felici troppo presto, perché le cose possono cambiare. Guarda, ora anche io ho delle buone carte…

Infatti da quel momento Libero comincia a fare molti punti. Alla fine vince lui la partita. Ora Minni non ride più.

- Mi dispiace, ma adesso devi cantare "Sotto la pioggia". - dice Libero.
- Cantare sotto la pioggia?
- Certo, Minni.
- Va bene, faccio come vuoi. - dice Minni mentre guarda fuori dalla finestra - Ma non ora!

---

fortunata: chi ha fortuna, successo. *Es.: Maria è bella, intelligente e ricca. È veramente fortunata!*
proverbio: frase popolare che ha un significato filosofico. *Es.: Un proverbio italiano dice "Chi va piano, va sano e va lontano!"*

Capitolo 11

Il giorno dopo Libero arriva in ufficio in orario. Lavora tutto il giorno e questa volta non fa sbagli.
La sera prende l'autobus per tornare a casa. Il tempo è brutto. Piove. Libero scende dall'autobus ma non ha l'ombrello.
Sotto il suo palazzo, c'è un gruppo di persone. **Battono le mani**. Una donna sta cantando una canzone. La sua voce è molto bella.

- *Ma io conosco questa canzone e anche questa voce!* - pensa Libero.

Ora può vedere bene: la ragazza è Minni e la canzone è "Sotto la pioggia".

- Minni! Che fai qui? Sei **matta**?
- Perché?
- Sta piovendo. Sei tutta **bagnata**. Così prendi il **raffreddore**.
- Non ricordi? Devo cantare sotto la pioggia.
- Ma che dici? "Sotto la pioggia" è il nome della canzone!
- Anche tu sei bagnato.
- Sì. Andiamo a casa, prendiamo un thè caldo.

Battono le mani (inf. battere le mani): applaudire, dire "bravo" con le mani. *Es.: Il pubblico batte le mani e l'attore ringrazia.*
matta: persona con problemi psicologici. *Es.: Carla è matta, mette il sale nel caffè!*
bagnata: piena d'acqua. *Es.: Non posso mettere questa camicia, è bagnata.*
raffreddore: malattia molto comune in inverno, che chiude il naso. *Es.: Quando ho il raffreddore prendo un'aspirina.*

Note

Libero e Minni salgono le scale del palazzo. Sotto la porta dell'appartamento c'è una lettera.

- Aspetti una lettera da qualcuno? - domanda Minni.
- No, ma ogni giorno ricevo molta posta: pubblicità, **bollette** da pagare... Vediamo cos'è questa.

Libero apre la lettera e legge:

TI PIACE GIOCARE A CARTE?
IL 28 MARZO AL CLUB ASSODIPICCHE
GRANDE TORNEO DI BRISCOLA **A COPPIE**. ISCRIZIONE: 25 €.
PRIMO PREMIO: 2 BIGLIETTI DI ANDATA E RITORNO ROMA-BANGKOK.
VIENI A GIOCARE CON NOI!

- Cos'è un torneo? - domanda Minni.
- È una competizione, dove tutti partecipano per vincere qualcosa.
- Allora noi dobbiamo partecipare a questo torneo. Il primo premio è un volo per la Thailandia!
- Sì, io e te giochiamo molto bene a briscola e possiamo vincere. Però c'è un problema. Il torneo è il giorno 28, martedì prossimo.
- E allora?
- Martedì è un giorno feriale. Come faccio con il lavoro?
- Non capisco. È feriale, quindi non devi lavorare.
- No, Minni. "Ferie" vuol dire "vacanze", ma "giorno feriale" vuol dire "giorno lavorativo".
- Allora martedì prendi un giorno di ferie. Tu lavori troppo.
- Hai ragione. La vita non è solo lavoro.

---

bollette: le spese per il consumo di luce, gas, telefono, ecc. *Es.: Ogni mese devo pagare molte bollette.*
a coppie: una coppia = due persone.

Note

Capitolo 12

Più tardi.
- Per vincere il torneo dobbiamo giocare tutti i giorni a briscola. - dice Libero.
- Allora cominciamo subito. - dice Minni.
- Aspetta. Il torneo è a coppie. Per **allenarci** bene dobbiamo giocare con altre persone. Possiamo invitare Giuseppe ed Elena. Anche loro amano le carte.

Così Libero invita i suoi amici. Le due coppie giocano a briscola tutta la sera. Fanno molte partite e Libero e Minni vincono sempre. A mezzanotte Giuseppe ed Elena devono tornare a casa.

- Siete troppo forti per noi. - dice Giuseppe - E tu Minni sei bravissima.
- Grazie. - dice Minni - Giochiamo anche domani?
- Va bene. Domani venite voi da noi.

Ma la mattina dopo Libero si sveglia e…

- EETTCCHUUMMM!!!
- Cosa c'è, Libero? Non stai bene? - domanda Minni.
- Ho il raffreddore e la **febbre**. È la pioggia di ieri…
- Allora oggi non possiamo giocare?

---

allenarci (inf. allenarsi): esercitarsi, fare pratica. *Es.: Io e Marco giochiamo molto bene a tennis, ma dobbiamo allenarci ogni giorno.*
febbre: temperatura troppo alta del corpo umano. *Es.: Ho la febbre a 40°. Devo stare a letto.*

Note

- No, sto troppo male.

Libero rimane tutto il giorno a letto. Ha la febbre molto alta. Anche il giorno dopo le cose non cambiano. Passano altri giorni. Quando arriva il 28, Libero è ancora malato.

- Mi dispiace, Minni. Non possiamo andare al torneo.
- Ora devi pensare a stare bene. Il torneo non è così importante.

Capitolo 13

Lo stesso giorno Libero riceve una telefonata.

DRIIINN!!! DRIIINN!!!

- Sicuramente è il direttore. - dice Libero - Io non ho voce, non posso parlare. Per favore Minni, rispondi tu.
- Pronto? - risponde Minni.
- Buongiorno, sono il direttore di Libero. È in casa?
- Sì, ma non può venire a parlare.
- Perché? È ancora malato?
- Sì. Può dire a me. Vuole un massaggio?
- Che massaggio? Voglio lasciare un m**e**ssaggio, non un m**a**ssaggio. Libero deve portare subito le sue carte in ufficio. Arriva una grossa partita dall'Asia e quelle carte sono necessarie.
- Ah, le carte, la partita… Anche Lei fa il torneo di briscola?
- Torneo di briscola? Ma che dice? Scusi, ma Lei chi è?

Note

Quando Libero sente quelle parole, prende il telefono.

- Buonasera direttore, sono io. Scusi, ma non sto molto bene... ETTCCHUUMMM!!! Allora domani mando qualcuno in ufficio con quei documenti.
- Domani è troppo tardi. Deve mandare subito qualcuno, capito?
- Va bene, direttore, va bene... Mando subito qualcuno. Arrivederci.

Libero chiude il telefono. Poi chiama Minni.

- Ascolta, Minni. Bisogna portare in ufficio alcune carte... alcuni documenti. Io sto male e non posso uscire, l'indirizzo dell'ufficio è Piazza Bologna, 27.
- Stai tranquillo, Libero. Posso andare io. Dove sono questi documenti?
- Sono nella stanza di Tredicoppe e Settebello, dentro una borsa nera.
- Va bene. Prendo la borsa e vado.

Ma nella stanza dei gatti c'è una grande confusione. Tredicoppe e Settebello stanno giocando, e corrono per tutta la stanza. La borsa nera è aperta. I documenti sono sul **pavimento**. Ci sono carte, lettere, giornali... Tutto in disordine. Minni non sa quali sono i documenti, ma non vuole disturbare Libero.

---

pavimento: la superficie della casa dove si cammina. *Es.: Il pavimento di legno si chiama parquet.*

Note

- *Prendo tutto, così non posso sbagliare.* - pensa.

Così mette tutto nella borsa. Poi chiama un taxi ed esce di casa.

Capitolo 14

Il taxi è "Tango 13", lo stesso dell'aeroporto.

- Ah, buongiorno, signorina. Come va?
- Bene grazie.
- Dove andiamo questa volta?
- A Piazza…
- Piazza…?
- Un momento… Non ricordo bene… Questa piazza ha il nome di…
- …un animale? Ancora?
- No, non è un animale. È una città.
- Una città? Quale città? A Roma ci sono molte piazze con i nomi di città: Piazza Venezia, Piazza Firenze…
- No, ecco… L'indirizzo è Piazza Bologna, 27.
- Ok, tra dieci minuti siamo là.

Dopo dieci minuti, il taxi arriva all'ufficio di Libero. Minni lascia la borsa con i documenti e poi torna a casa. Ma quando il direttore apre la borsa, insieme ai documenti trova anche questo:

Note

TI PIACE GIOCARE A CARTE?
IL 28 MARZO AL CLUB ASSODIPICCHE
GRANDE TORNEO DI BRISCOLA A COPPIE. ISCRIZIONE: 25 €.
PRIMO PREMIO: 2 BIGLIETTI DI ANDATA E RITORNO ROMA-BANGKOK.
VIENI A GIOCARE CON NOI!

Nella borsa ci sono anche dei fogli con dei numeri, sono i punti delle partite a carte di Libero e Minni.

- *Ora capisco.* - pensa il direttore - *Invece di venire in ufficio, Libero passa il tempo a giocare a carte!*

Il direttore è molto arrabbiato. Così prende il telefono e chiama Libero.

- Caro Libero, Lei ha la febbre del gioco, questo è il Suo problema! Invece di lavorare, gioca a carte. Da questo momento Lei non lavora più con noi!
- Ma direttore… Io…
- Arrivederci! - il direttore chiude la comunicazione.

Libero non capisce. Poi guarda Minni: la ragazza diventa rossa, non dice niente. Ora è tutto chiaro.

Note

Capitolo 15

Quella notte Minni dorme poco e male: pensa a tutti i suoi sbagli e a come è difficile vivere in un Paese straniero. La mattina dopo la ragazza parla con Libero.

- Scusa Libero. Mi dispiace tanto per il tuo lavoro. Io sbaglio sempre.
- Non devi chiedere scusa, Minni. Io non sono arrabbiato con te.
- Ma cosa dici? Ora non hai più il lavoro!
- Va bene così. Io lavoro troppo. Adesso posso riposarmi un po'.

Minni sorride. I suoi occhi sono dolci.

- *Non è possibile essere arrabbiati con lei!* - pensa Libero.

Più tardi Minni si veste per uscire.

- Libero, io esco a fare spese.
- Ah sì, dove vai?
- Al supermercato. Voglio comprare qualcosa da mangiare.
- Allora si dice "fare la spesa", non "fare spese".
- Va bene, vado a "fare la spesa". Vuoi qualcosa?
- Sì, della frutta. Compra un chilo di **mandarini**. Se non ci sono, prendi un altro tipo di frutta.

---

mandarini: frutti più piccoli delle arance, ma dello stesso colore. *Es.: I mandarini sono dei frutti molto dolci.*

Note

- Ok, se non ci sono i mandarini prendo gli arancini.
- Le arance, non gli arancini. Gli arancini non sono un tipo di frutta.
- Ah, no?
- No. Gli arancini si fanno con il riso. È una specialità siciliana.

Minni esce. Libero rimane a casa a guardare la tv. Dopo un po' vicino a lui arriva Tredicoppe. Ha qualcosa in bocca. Sono le pagine di un **diario**. È il diario di Minni.

21 marzo
Parlare è difficile per me, preferisco giocare a carte. Mi piace giocare a carte, perché quando gioco non devo parlare italiano.

24 marzo
Questo Paese è interessante, però gli italiani sono strani. Dicono "fumare come un turco", hanno il bagno turco e anche il ***grano*** *è turco; però l'insalata è russa e anche le montagne sono russe, la doccia è scozzese, la chiave è inglese e anche la zuppa è inglese. Invece un uomo che entra senza pagare il biglietto "fa il portoghese."*

---

diario: quaderno dove si scrivono ogni giorno le impressioni personali. *Es.: Ogni giorno scrivo sul diario i miei pensieri.*
grano: pianta di colore giallo, che si usa per fare il pane. *Es.: In molti quadri di Van Gogh si vede il grano.*

Note

27 marzo
Giorni festivi e giorni feriali. I negozi sono aperti nei giorni feriali, ma quando una persona è in ferie significa che è in vacanza. E il calzolaio non vende calze, ma fa le scarpe. Allora perché si chiama calzolaio?

Capitolo 16

Quando Minni torna dal supermercato, va subito in cucina. Vuole cucinare per Libero qualcosa di molto speciale. Così prende un libro di **ricette** e legge.

Pasta con le melanzane per due persone

Ingredienti

2 melanzane	1 cipolla
$\frac{1}{2}$ kg di pomodori	olio
1 mozzarella	sale
300 gr. di pasta	basilico

ricette: le istruzioni per cucinare qualcosa. *Es.: In questo libro ci sono delle ricette molto facili.*

Note

Preparazione

Tagliare e cuocere le melanzane con l'olio in una **padella**. In un'altra padella **friggere** l'olio, la cipolla e i pomodori con il sale. Bollire un litro d'acqua in una pentola, aggiungere il sale e cuocere la pasta. Quando la pasta è cotta, unire tutto, poi aggiungere la mozzarella e il basilico.

- *È facile.* - pensa Minni - *Ho tutti gli ingredienti.*

Un'ora dopo la pasta è pronta.

- Libero, vieni a mangiare. - dice Minni - C'è pasta per te!
- Bene. Ho molta fame. Che pasta è?
- Pasta con le mele. - risponde Minni - Ti piace? La ricetta è su questo libro.
- Minni, cosa dici? La ricetta è "Pasta con le melanzane"! Le mele non si usano con la pasta... Ah, ah...
- Non ridere, per favore. Queste parole sono tutte uguali.
- Minni, io non rido di te, io rido con te.
- Libero, vieni a visitare il mio Paese. Così capisci come è difficile per me.
- Ma come faccio a venire adesso?
- È il momento giusto. Ora non hai più la febbre, e poi non devi lavorare. Quindi puoi venire.
- E i gatti?

---

padella: 

friggere: cuocere qualcosa nell'olio caldo. *Es.: Per friggere le patate, devi mettere l'olio nella padella.*

Note

- Per un po' di tempo possono stare a casa di Elena e Giuseppe. Loro amano gli animali.
- Sì. Ma io non viaggio mai, e poi non conosco la lingua del tuo Paese.
- Tu conosci un po' di inglese. Puoi comunicare in inglese.
- Il viaggio è lungo. Come passiamo il tempo in aereo?
- Giochiamo a carte, naturalmente.

Minni sorride. Le sue parole sono gentili, i suoi occhi dolci. Libero capisce che non può dire di no alla sua amica. Deve andare in Thailandia. O adesso o mai più.

Epilogo

Il giorno della partenza Libero e Minni prendono un taxi per andare all'aeroporto. Anche questa volta, è "Tango 13".

- Buongiorno, signori. Dove andate?
- In Thailandia.
- Via Thailandia?
- No. "Thailandia", il Paese.

Il tassista gira la testa.

- Ah, è Lei, signorina! Allora andiamo all'aeroporto?
- Sì.

Note

In aereo Libero è molto nervoso. Ora non è più in Italia e deve parlare in inglese. Per lui l'inglese non è una lingua facile. Per fortuna sull'aereo c'è una hostess molto carina e gentile.

- Would you like a cup of coffee? - domanda la bella hostess.

Libero non beve mai caffè, ma ora non capisce bene la domanda e risponde:

- Yes, thank you.

Così, quando la hostess torna con il caffè, lui beve tutta la **tazza**, perché non vuole essere **scortese**.
Dopo molte ore, l'aereo arriva a Bangkok. Libero e Minni prendono le loro valigie e salgono sulla **scala mobile**. C'è una scritta in inglese:

ATTENTION. BEAR LEFT.

Libero non capisce bene.

- *"Bear" significa "orso".* - pensa - *E "left" significa "sinistra". ORSI A SINISTRA? Ma no, non è possibile.*

---

tazza:

scortese: non gentile. *Es.: Paolo non dice mai "ciao" o "buongiorno", è molto scortese.*

scala mobile:

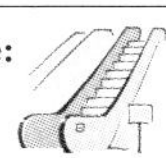

Note

Libero prende il dizionario italiano-inglese e cerca la parola "left".

- *Ecco qui "to left"... è un verbo: "lasciare", "liberare", "abbandonare". Cosa? In questo Paese lasciano gli orsi liberi per la città? Sono matti?*

Libero si ferma. Ha paura.

- Cosa c'è Libero? Qualcosa non va?
- Aspetta Minni, non usciamo adesso.
- Perché?
- Fuori ci sono gli orsi… È meglio rimanere qui.
- Ma che dici? Fuori non ci sono orsi.
- Non ci sono orsi? Allora leggi qui:
  "ATTENTION. BEAR LEFT"!
- Libero, "Bear left" significa che devi stare a sinistra e lasciare passare chi è più veloce!

Quando capisce, Libero diventa tutto rosso. Minni ride.

- Ah, ah... Caro Libero, come si dice? *Ride bene chi ride ultimo*. Adesso sai com'è difficile essere in un Paese straniero!

FINE

Note

Scheda culturale - Le carte

I giochi di carte sono molto popolari in Italia. *Scopa, Briscola, Tresette, Sette e mezzo* sono alcuni dei giochi più famosi. Al bar o a casa, a Natale o dopo pranzo, molti italiani amano passare il tempo giocando a carte. Alcune parole delle carte fanno parte della lingua italiana; per esempio, dire che "Michael Schumacher è un *asso del volante*", significa che è molto bravo a guidare. Infatti l'asso è una carta importante. Al contrario, dire che "quell'uomo *vale come il due di briscola*" significa che non è bravo e che non sa fare niente. Infatti, nella briscola, il due è la carta più bassa. Giocare per soldi è vietato dalla legge italiana, così si gioca per vincere un caffè, una pizza, o una cena. Ma spesso a Natale e a Capodanno le famiglie si mettono intorno a un tavolo anche per giocare a soldi. Esiste più di un tipo di carte. Ci sono quelle napoletane (di Napoli), le trevigiane (di Treviso), le modenesi (di Modena), ecc. Quelle da poker, invece, si chiamano carte francesi.

Ed ora giochiamo a scopa!

Scopa. Si gioca con un mazzo di 40 carte. Le carte sono divise in quattro semi: denari, coppe, bastoni e spade. Ogni seme ha un Re, un Cavallo, un Fante, e i numeri dal 7 al 1, per un totale di dieci carte per ogni seme.
Si può giocare in due, tre o quattro persone. Ogni giocatore riceve tre carte. Sul tavolo si mettono altre 4 carte, scoperte, cioè che si possono vedere. A turno, i giocatori mettono una carta sul tavolo. Con quella, possono prendere dal tavolo

altre carte dello stesso valore. Per esempio, un Sette prende un Sette, un Quattro prende un Quattro. Con un Fante, che vale otto, si può prendere un altro Fante o anche un Cinque e un Tre (totale: otto), con un Re, che vale dieci, si può prendere un altro Re o anche un Sei e un Quattro (totale: dieci), ecc. Il giocatore che prende tutte le carte che restano sul tavolo fa una scopa. Poi si danno ai giocatori altre tre carte del mazzo. Il gioco finisce quando finiscono le carte. Chi fa più punti, vince. I punti si contano così:

- chi prende più carte = 1 punto
- chi prende più denari = 1 punto
- chi fa la primiera (cioè chi ha più sette o più sei di ogni seme) = 1 punto
- chi prende il "settebello", cioè il sette di denari = 1 punto
- ogni scopa = 1 punto

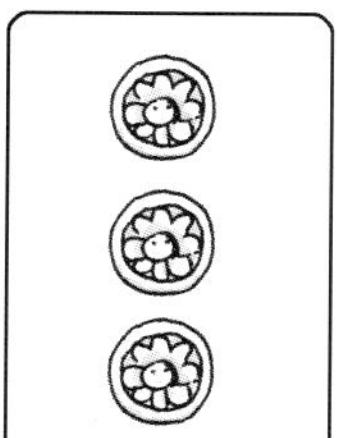
denari

coppe

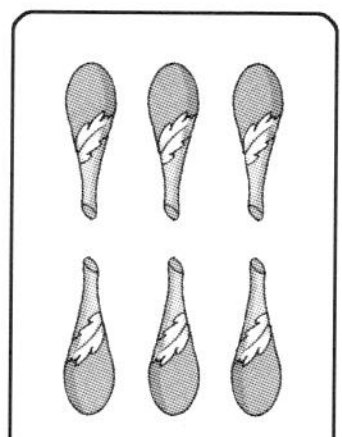
bastoni

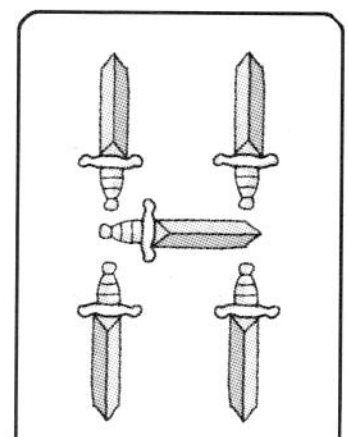
spade

Re

Cavallo

Fante

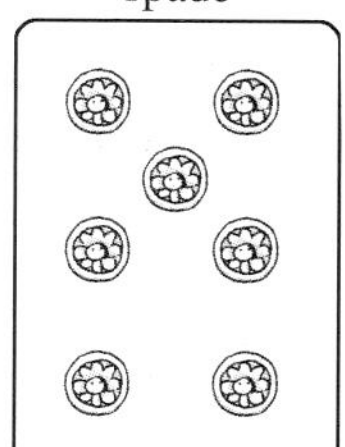
Settebello

Briscola. Anche questo gioco si fa con un mazzo di quaranta carte. Si gioca in due, tre o quattro persone. Ci sono quattro semi: denari, coppe, bastoni e spade. Ogni seme ha un Asso, un Re, un Cavallo, un Fante, e i numeri dal 7 al 2, per un totale di dieci carte per ogni seme. Prima di iniziare il gioco si sceglie dal mazzo una carta che comanda il gioco. Questo seme è la briscola. Ogni giocatore riceve tre carte. A turno, i giocatori mettono una carta sul tavolo. Il giocatore che ha la carta migliore prende tutte le carte sul tavolo. Per ogni carta, si prende un'altra carta dal mazzo alla fine del giro. Se un giocatore ha una briscola e gli altri no, prende lui le carte, perché la briscola è più forte. Se due giocatori hanno una briscola, vince la carta col valore più grande in questo ordine: Asso, Tre, Re, Cavallo, Fante, Sette, Sei, Cinque, Quattro, Due. Se non ci sono briscole, vince chi ha la carta di valore più grande del seme che si gioca per primo. Chi fa più punti, vince. I punti possibili sono 120. Se si gioca in due e un giocatore fa 70 punti, l'altro fa 50 punti. I punti si contano così:

Asso = 11 punti; Tre = 10 punti; Re = 4 punti
Cavallo = 3 punti; Fante = 2 punti

Queste sono le regole, ma per giocare dovete avere le carte! Andate in un negozio di tabacchi e comprate un mazzo. Buon divertimento!

Asso

ESERCIZI

Capitoli 1-2

A. *Vero o falso? Rispondi con una X.*

	V	F
1. Libero e Minni abitano nella stessa città.	❍	❍
2. Minni viene in Italia per incontrare Libero.	❍	❍
3. Il giallo e il rosso sono i colori della squadra della Lazio.	❍	❍
4. Il tassista porta Minni a casa di Libero.	❍	❍
5. Libero arriva all'aeroporto in orario.	❍	❍

B. *Completa il testo con le preposizioni della lista.*

a - a - da - dalla - dall' - di - di - in

Libero Belmondo è un uomo ___ 35 anni. Vive ___ Roma. Da qualche mese Libero accende il computer tutti i giorni e controlla le e-mail. Minni è una ragazza ___ 28 anni. Vive ___ Bangkok. Anche lei ___ qualche mese accende il computer tutti i giorni e controlla le e-mail.
Libero e Minni sono amici di posta elettronica. Non si conoscono, ma si scrivono molte e-mail ___ italiano. Lui scrive ___ Italia, lei ___ Thailandia.

Quali di queste preposizioni hanno l'articolo?

C. *Completa il testo con i verbi della lista.*

esce - aspetta - cerca - arriva - prende

Martedì. L'aereo _____ a Roma alle quindici. Minni _____ la sua valigia ed _____. _____ un uomo vestito di giallo e rosso. Ma lo stesso giorno, all'aeroporto, c'è anche un gruppo di persone che _____ la squadra di calcio della Roma. Anche loro sono vestiti di giallorosso, come i colori della loro squadra.

D. *Riordina il dialogo fra Minni e il tassista. Le frasi n. 1 e n. 10 sono giuste.*

1. - La macchina è qui vicino. Dove deve andare?
2. - No, il mio "taxi" è libero. Io mi chiamo Mario.
3. - Sì. Io sono un tassista e questo è il mio taxi, "Tango 13". Non ha bisogno di un taxi?
4. - Allora "Lei" non è Libero?
5. - A casa mia? Ma questo è un taxi.
6. - Non conosce l'indirizzo di quest'uomo? Andiamo a casa sua.
7. - Un taxi?
8. - Scusi, io cerco un uomo di nome Libero.
9. - Andiamo a casa tua.
10. - L'indirizzo è nella mia valigia. Lui abita in una strada che ha il nome di un animale.

Capitoli 3-4

A. *Vero o falso? Rispondi con una X.*

	V	F
1. Libero non è sposato.	❍	❍
2. Libero ha due gatti di nome Tredicoppe e Settebello.	❍	❍
3. Minni pulisce il bagno perché non sa che l'espressione "fare il bagno" significa "lavarsi".	❍	❍
4. Minni butta gli spaghetti nella spazzatura.	❍	❍

B. *Collega le espressioni a sinistra con le spiegazioni a destra.*

1. fare il bagno	a. lavarsi i capelli
2. fare i piatti	b. lavarsi dentro la vasca
3. fare la doccia	c. lavarsi in piedi
4. fare colazione	d. lavare i piatti e i bicchieri sporchi
5. fare lo shampoo	e. mangiare qualcosa la mattina

C. *Scegli il verbo giusto.*

Le giornate ***fanno/passano/partono*** veloci. Dal lunedì al venerdì Libero ***dorme/scrive/lavora*** in una ditta di import-export. ***Sale/Esce/Scende*** la mattina per andare in ufficio ma spesso all'ora di pranzo ***torna/parte/porta*** a casa per mangiare con Minni. Oggi Libero ***va/ha/è*** in ritardo e ***dice/telefona/arriva*** a Minni.

- Pronto Minni? Come ***sta/va/passa***, tutto bene?

D. *Collega i sostantivi a sinistra con i verbi a destra, come nell'esempio.*

sostantivi	**verbi**
1. pasta →	a. aggiungere
2. gas	b. bollire
3. merce	c. accendere
4. sale	→ d. buttare
5. parola	e. bussare
6. acqua	f. ripetere
7. porta	g. spedire

Capitoli 5-6-7

A. *Vero o falso? Rispondi con una X.*

	V	F
1. Il libro di Minni spiega come si fa il bucato in lavatrice.	❍	❍
2. Libero e Minni vanno al matrimonio di Giuseppe ed Elena.	❍	❍
3. Minni dice allo sposo una frase che non va bene per un matrimonio.	❍	❍
4. Minni non ricorda bene la barzelletta della rana.	❍	❍

B. *Completa le frasi con i possessivi.*

1. A Minni piace aiutare in casa, così un giorno Libero domanda alla ______ amica:
   - Sai fare il bucato in lavatrice?

2. - Scusa, io sbaglio sempre, non sono brava.
   - No, Minni. Il ______ italiano è buono, ma non conosci ancora la ______ cultura. Comunque, i ______ bucatini all'amatriciana mi piacciono molto.

3. Una settimana dopo Libero porta Minni al matrimonio di un ______ amico.

4. Anche Minni vuole dire qualcosa agli sposi. Così guarda nel _____ dizionario e dice:

- Questo è un giorno speciale, il giorno del _____ matrimonio. Cento di questi giorni!

5. Quando sente queste parole, lo sposo diventa rosso. Infatti questo è il _____ terzo matrimonio. Nessuno vuole sposarsi cento volte!

C. Completa le parole.

Dopo il matrimonio c'è il pranzo. Libero e Minni vanno al ristorante in macchina. Lei è molto silenzios__ e lui è un po' preoccupat__ per la su__ amic__ .

- Tutto bene, Minni? Perché non parli?
- Perché per me è difficil__ parlare in italiano.
- Conosci le barzellette?
- No, che significa?
- Sono delle piccol__ stori__, con un finale divertent__ . Vuoi imparare una barzellett__?
- Sì, certo.

Libero racconta:

Una rana deve fare una fotografia. Così va da un fotografo professionist__ . Entra nello studio del fotografo e dice:
"Buongiorno. Vorrei fare una foto."
"Prego, signora rana, si accomodi."
"Ma devo fare una bell__ foto!"
"Non si preoccupi. Io faccio bene il mi__ lavor__ ."
Le rane parlano in modo un po' stran__, perché hanno la bocc__ larg__ larg__ .
"E cosa devo fare?", domanda la rana.
"Deve fare un sorriso, ma deve tenere la bocc__ chius__ ."
"Perché?"
"Perché la su__ bocc__ è troppo grand__ e non è bell__ da vedere quando è apert__!"

***D**. Trova il contrario di questi aggettivi.*

1. pulito ______________
2. cattivo ______________
3. basso ______________
4. rumoroso ______________
5. facile ______________
6. freddo ______________

Capitoli 8-9

A. *Vero o falso? Rispondi con una X.*

	V	**F**
1. I due gatti di Libero non amano Minni.	❍	❍
2. Scopa e briscola sono due popolari giochi di carte.	❍	❍
3. Libero e Minni fanno molte partite a carte.	❍	❍
4. Libero arriva in ufficio molto presto.	❍	❍
5. Libero deve andare in Cina.	❍	❍

B. *Metti i verbi al presente indicativo e completa il testo.*

Libero *(insegnare)* ___________ a Minni il gioco della briscola. La ragazza *(capire)* ___________ subito e *(giocare)* ___________ molto bene. *(Vincere)* ___________ anche qualche partita. Così i due amici *(giocare)* ___________ a carte per tutta la notte. Finalmente alle cinque di mattina *(andare)* ___________ a dormire. *(Essere)* ___________ stanchissimi, ma adesso Minni non è più triste.
Alle otto e mezza *(suonare)* ___________ il telefono. Libero *(svegliarsi)* ___________ e *(rispondere)* ___________.

C. *Metti i verbi al presente indicativo e completa il testo.*

Libero *(alzarsi)* __________ dal letto. *(Vestirsi)* __________ e *(aprire)* __________ la porta di casa per uscire. In quel momento anche Minni *(svegliarsi)* __________.

- Libero, dove *(andare)* __________? Che succede?
- *(Andare)* __________ in ufficio. *(Essere)* __________ in ritardo.
- Ah, va bene... Ma questa sera quando *(tu/tornare)* __________ giochiamo a carte?
- Sì, Minni. Va bene. Adesso *(dovere)* __________ andare. Ci vediamo stasera. Ciao.

Libero *(arrivare)* __________ in ufficio molto in ritardo. *(Avere)* __________ molte cose da fare, ma *(essere)* __________ stanco e *(fare)* __________ molti sbagli.

- Cosa c'è Libero? Qualcosa non *(andare)* __________? - domanda un collega - Hai una faccia strana, forse non *(stare)* __________ bene?
- No, *(andare)* __________ tutto bene... *(Avere)* __________ solo bisogno di dormire.
- Capisco. Allora finisci di lavorare e poi vai a letto presto questa sera.
- Non *(potere)* __________. Questa sera *(dovere)* __________ giocare a carte.

Capitoli 10-11

A. *Vero o falso? Rispondi con una X.*

	V	F
1. Quando Libero torna a casa, Minni sta cantando una canzone italiana.	❍	❍
2. Minni vince la partita di briscola.	❍	❍
3. Il giorno dopo Minni canta la canzone in strada, sotto la pioggia.	❍	❍
4. Nella posta di Libero c'è la pubblicità di un corso per imparare il gioco della briscola.	❍	❍
5. "Giorno feriale" non significa "giorno di vacanza".	❍	❍

B. *Riordina il dialogo fra Minni e Libero. Le frasi n. 1 e n. 10 sono giuste.*

1. - Ciao Minni. Hai una bella voce. Ti piace questa canzone? Canta, canta ancora.

2. - Preferisci briscola o scopa?
3. - Ascolta Minni. Facciamo così: giochiamo solo una partita; se vinco io, tu canti la canzone "Sotto la pioggia", se invece vinci tu allora giochiamo tutta la sera a carte.
4. - No, ora dobbiamo giocare a carte.
5. - Non è vero, canti benissimo. Continua.
6. - Va bene.

7. - Ma ora sono molto stanco… Non possiamo giocare domani?
8. - No, non voglio cantare. Io non canto bene.
9. - No, per favore. Facciamo qualche partita.
10. - Briscola.

C. *Questo è un dialogo formale. Riscrivi il dialogo con il "tu".*

- Signorina Minni! Che fa qui? È matta?
- Perché?
- Sta piovendo. È tutta bagnata. Così prende il raffreddore.
- Non ricorda? Devo cantare sotto la pioggia.
- Ma che dice? "Sotto la pioggia" è il nome della canzone!
- Anche Lei è bagnato.
- Sì. Andiamo a casa, prendiamo un thè caldo.

D. *Completa il testo con le parole della lista.*

feriale - ferie - iscrizione - lavorativo - lavoro - ragione - ritorno - torneo - volo

TI PIACE GIOCARE A CARTE?
IL 28 MARZO AL CLUB ASSODIPICCHE
GRANDE TORNEO DI BRISCOLA A COPPIE. ______________: 25 €.
PRIMO PREMIO: 2 BIGLIETTI DI ANDATA E ________ ROMA-BANGKOK.
VIENI A GIOCARE CON NOI!

- Cos'è un __________? - domanda Minni.
- È una competizione, dove tutti partecipano per vincere qualcosa.
- Allora noi dobbiamo partecipare a questo torneo. Il primo premio è un __________ per la Thailandia!
- Sì, io e te giochiamo molto bene a briscola e possiamo vincere. Però c'è un problema. Il torneo è il giorno 28, martedì prossimo.
- E allora?
- Martedì è un giorno __________. Come faccio con il __________?
- Non capisco. È feriale, quindi non devi lavorare.
- No, Minni. "Ferie" vuol dire "vacanze", ma "giorno feriale" vuol dire "giorno __________".
- Allora martedì prendi un giorno di __________. Tu lavori troppo.
- Hai __________. La vita non è solo lavoro.

Capitoli 12-13

A. *Vero o falso? Rispondi con una X.*

	V	F
1. Libero e Minni giocano molto bene a briscola.	❍	❍
2. Libero non può partecipare al torneo di briscola perché ha la febbre.	❍	❍
3. Anche il direttore di Libero vuole partecipare al torneo di briscola.	❍	❍
4. Nella stanza dei gatti non ci sono i documenti.	❍	❍

B. *Completa il testo con le espressioni di tempo della lista.*

altri giorni - domani - domani - ieri - il giorno dopo - la mattina dopo - lo stesso giorno - oggi - ora - tutto il giorno

- Giochiamo anche _______________? - dice Minni.
- Va bene. _______________ venite voi da noi.
Ma _______________ Libero si sveglia e…
- EETTCCHUUMMM!!!
- Cosa c'è, Libero? Non stai bene? - domanda Minni.
- Ho il raffreddore e la febbre. È la pioggia di ____________…
- Allora _______________ non possiamo giocare?
- No, sto troppo male.
Libero rimane _______________ a letto. Ha la febbre molto alta. Anche _______________ le cose non cambiano. Passano _______________. Quando arriva il 28, Libero è ancora malato.

- Mi dispiace, Minni. Non possiamo andare al torneo.
- ________________ devi pensare a stare bene. Il torneo non è così importante.
________________ Libero riceve una telefonata dal direttore...

C. Completa il testo con le preposizioni della lista.

dei - dell' - di - in - in - nella - nella - per - sul

- Ascolta, Minni. Bisogna portare _____ ufficio alcune carte… alcuni documenti. Io sto male e non posso uscire, l'indirizzo _____ ufficio è Piazza Bologna, 27.
- Stai tranquillo, Libero. Posso andare io. Dove sono questi documenti?
- Sono _____ stanza di Tredicoppe e Settebello, dentro una borsa nera.
- Va bene. Prendo la borsa e vado.
Ma nella stanza _____ gatti c'è una grande confusione. Tredicoppe e Settebello stanno giocando, e corrono _____ tutta la stanza. La borsa nera è aperta. I documenti sono _____ pavimento. Ci sono carte, lettere, giornali… Tutto _____ disordine. Minni non sa quali sono i documenti, ma non vuole disturbare Libero.
Così mette tutto _____ borsa. Poi chiama un taxi ed esce _____ casa.

Capitoli 14-15

A. *Vero o falso? Rispondi con una X.*

	V	F
1. Per andare in ufficio Minni prende un taxi.	❍	❍
2. Il direttore si arrabbia perché nella borsa non ci sono i documenti di lavoro.	❍	❍
3. Libero perde il lavoro.	❍	❍
4. Libero è molto arrabbiato con Minni.	❍	❍
5. Nel suo diario Minni scrive dei suoi problemi con la lingua italiana.	❍	❍
6. "Fare il portoghese" significa "entrare senza pagare il biglietto".	❍	❍

B. *Ed ora scegli l'espressione giusta.*

Una persona che compra da mangiare al supermercato:

1. fa spesa ❍
2. fa spese ❍
3. fa la spesa ❍
4. fa la sposa ❍
5. fa shopping ❍

C. *Completa il testo con gli articoli determinativi e indeterminativi.*

Questo Paese è interessante, però ___ italiani sono strani. Dicono "fumare come ___ turco", hanno ___ bagno turco e anche ___ grano è turco; però ___ insalata è russa e anche ___ montagne sono russe, ___ doccia è scozzese, ___ chiave è inglese e anche ___ zuppa è inglese.

Quale di queste parole indica un tipo di dolce?

Capitolo 16 ed Epilogo

A. *Vero o falso? Rispondi con una X.*

	V	F
1. Minni legge in un libro la ricetta della pasta con le melanzane.	❍	❍
2. Libero viaggia molto spesso.	❍	❍
3. Libero capisce bene l'inglese.	❍	❍
4. Libero non vuole uscire dall'aeroporto di Bangkok perché ha paura degli orsi.	❍	❍

B. *Sai cucinare la pasta con le melanzane? Completa la ricetta con le parole della lista.*

aggiungere la mozzarella e il basilico - aggiungere il sale - bollire - friggere l'olio - una padella - una pentola - tagliare e cuocere

Preparazione

__________________ le melanzane con l'olio in __________ ____________. In un'altra padella ___________________, la cipolla e i pomodori con il sale. ___________________ un litro d'acqua in ________________, ______________________ e cuocere la pasta. Quando la pasta è cotta, unire tutto, poi _____________________.

C. *In questo testo ci sono 3 errori grammaticali. Quali sono?*

Minni sorride. Le sue parole sono gentile, i suoi occhi dolci. Libero capisce che non può dire di no al sua amica. Deve andare in Thailandia. O adesso o mai più.
Il giorno della partenza Libero e Minni prendiamo un taxi per andare all'aeroporto. Anche questa volta, è "Tango 13".

- Buongiorno, signori. Dove andate?
- In Thailandia.
- Via Thailandia?
- No. "Thailandia", il Paese.

Attività per la classe

In coppia o in gruppo con i compagni, svolgi i seguenti punti.

1. Secondo te, quali sono le difficoltà di uno straniero che arriva in Italia?
2. Metti a confronto le abitudini del tuo Paese con quelle italiane.
3. Racconta un episodio divertente di una tua esperienza in Italia o in un altro Paese.
4. Sai spiegare le regole di un gioco di carte che conosci?

Note

SOLUZIONI DEGLI ESERCIZI

Capitoli 1-2
A: 1f; 2v; 3f; 4f; 5f.
B: **di** 35 anni; **a** Roma; **di** 28 anni; **a** Bangkok; **da** qualche mese; **in** italiano; **dall'**Italia; **dalla** Thailandia. *Hanno l'articolo*: **dall'** *(da + l')* e **dalla** *(da +la)*.
C: arriva; prende; esce; cerca; aspetta.
D: 1-9-5-7-3-4-2-8-6-10.

Capitoli 3-4
A: 1v; 2v; 3v; 4f.
B: 1/b; 2/d; 3/c; 4/e; 5/a
C: passano; lavora; Esce; torna; è; telefona; va.
D: 1/d; 2/c; 3/g; 4/a; 5/f; 6/b; 7/e.

Capitoli 5-6-7
A: 1f; 2v; 3v; 4v.
B: 1. sua; 2. tuo, nostra, tuoi; 3. suo; 4. suo, vostro; 5. suo.
C: silenzios**a**; preoccupat**o**; su**a**; amic**a**; difficil**e**; piccol**e**; stori**e**; divertent**e**; barzellett**a**; professionist**a**; bell**a**; mi**o**; lavor**o**; stran**o**; bocc**a**; larg**a**; larg**a**; bocc**a**; chius**a**; su**a**; bocc**a**; grand**e**; bell**a**; apert**a**.
D: 1. sporco; 2. buono; 3. alto; 4. silenzioso; 5. difficile; 6. caldo.

Capitoli 8-9
A: 1f; 2v; 3v; 4f; 5f.
B: insegna; capisce; gioca; Vince; giocano; vanno; Sono; suona; si sveglia; risponde.
C: si alza; Si veste; apre; si sveglia; vai; Vado; Sono; torni; devo; arriva; Ha; è; fa; va; stai; va; Ho; posso; devo.

Capitoli 10-11
A: 1v; 2f; 3v; 4f; 5v.
B: 1-8-5-4-7-9-3-6-2-10.
C: - Minni! Che fai qui? Sei matta?
- Perché?
- Sta piovendo. Sei tutta bagnata. Così prendi il raffreddore.
- Non ricordi? Devo cantare sotto la pioggia.
- Ma che dici? "Sotto la pioggia" è il nome della canzone!
- Anche tu sei bagnato.
- Sì. Andiamo a casa, prendiamo un thè caldo.

D: iscrizione; ritorno; torneo; volo; feriale; lavoro; lavorativo; ferie; ragione.

Capitoli 12-13
A: 1v; 2v; 3f; 4f.
B: domani; domani; la mattina dopo; ieri; oggi; tutto il giorno; il giorno dopo; altri giorni; ora; lo stesso giorno.
C: **in** ufficio; **dell'**ufficio; **nella** stanza; **dei** gatti; **per** tutta la stanza; **sul** pavimento; **in** disordine; **nella** borsa; **di** casa.

Capitoli 14-15
A: 1v; 2f; 3v; 4f; 5v; 6v.
B: 3. fa la spesa.
C: **gli** italiani; **un** turco; **il** bagno; **il** grano; **l'**insalata; **le** montagne; **la** doccia; **la** chiave; **la** zuppa. *Il dolce è* **la zuppa inglese**.

Capitoli 16 ed epilogo
A: 1v; 2f; 3f; 4v.
B: tagliare e cuocere; una padella; friggere l'olio; bollire; una pentola; aggiungere il sale; aggiungere la mozzarella e il basilico.
C: ~~gentile~~/gentili; ~~al sua amica~~/alla sua amica; ~~prendiamo un taxi~~/prendono un taxi.

Note

Catalogo Alma Edizioni

<u>*Corsi di lingua*</u>

Espresso 1
corso di italiano
- libro dello studente ed esercizi
- guida dell'insegnante
- cd audio

Espresso 2
corso di italiano
- libro dello studente ed esercizi
- guida dell'insegnante
- cd audio

Espresso 3
corso di italiano
- libro dello studente ed esercizi
- guida dell'insegnante
- cd audio

Canta che ti passa
imparare l'italiano con le canzoni
- libro
- cd audio

<u>*Grammatiche, eserciziari e altri materiali didattici*</u>

Grammatica pratica della lingua italiana
esercizi - test - giochi

I pronomi italiani
grammatica - esercizi - giochi

Le preposizioni italiane
grammatica - esercizi - giochi

Grammatica italiana
regole ed esempi d'uso

Verbissimo
tutti i verbi italiani

Giocare con la letteratura
18 unità didattiche su scrittori italiani del '900

Bar Italia
articoli sulla vita italiana per leggere, parlare, scrivere

Ricette per parlare
attività e giochi per la produzione orale

<u>*Cinema italiano - film brevi sottotitolati*</u>

No mamma no – La grande occasione (1° liv.)
- libro di attività
- video

Colpo di testa – La cura (2° liv.)
- libro di attività
- video

Camera oscura – Doom (3° liv.)
- libro di attività
- video

<u>*Giochi*</u>

Parole crociate 1° liv.

Parole crociate 2° liv.

Parole crociate 3° liv.

<u>*Letture facili*</u>

1° livello - 500 parole

Dov'è Yukio? (libro + audiocass.)

Radio Lina (libro + audiocass.)

Il signor Rigoni (libro + audiocass.)

Pasta per due (libro + audiocass.)

2° livello - 1000 parole

Fantasmi (libro + audiocass.)

Maschere a Venezia (libro + audiocass.)

Amore in Paradiso (libro + audiocass.)

La partita (libro + audiocass.)

3° livello - 1500 parole

Mafia, amore e polizia (libro + audiocass.)

Modelle, pistole e mozzarelle (libro + audiocass.)

L'ultimo Caravaggio (libro + audiocass.)

4° livello - 2000 parole

Mediterranea (libro + audiocass.)

Opera! (libro + audiocass.)

Piccole storie d'amore (libro + audiocass.)

5° livello - 2500 parole

Dolce vita (libro + audiocass.)

Un'altra vita (libro + audiocass.)

Alma Edizioni
viale dei Cadorna, 44 - 50129 Firenze
tel ++39 055476644
fax ++39 055473531
info@almaedizioni.it
www.almaedizioni.it